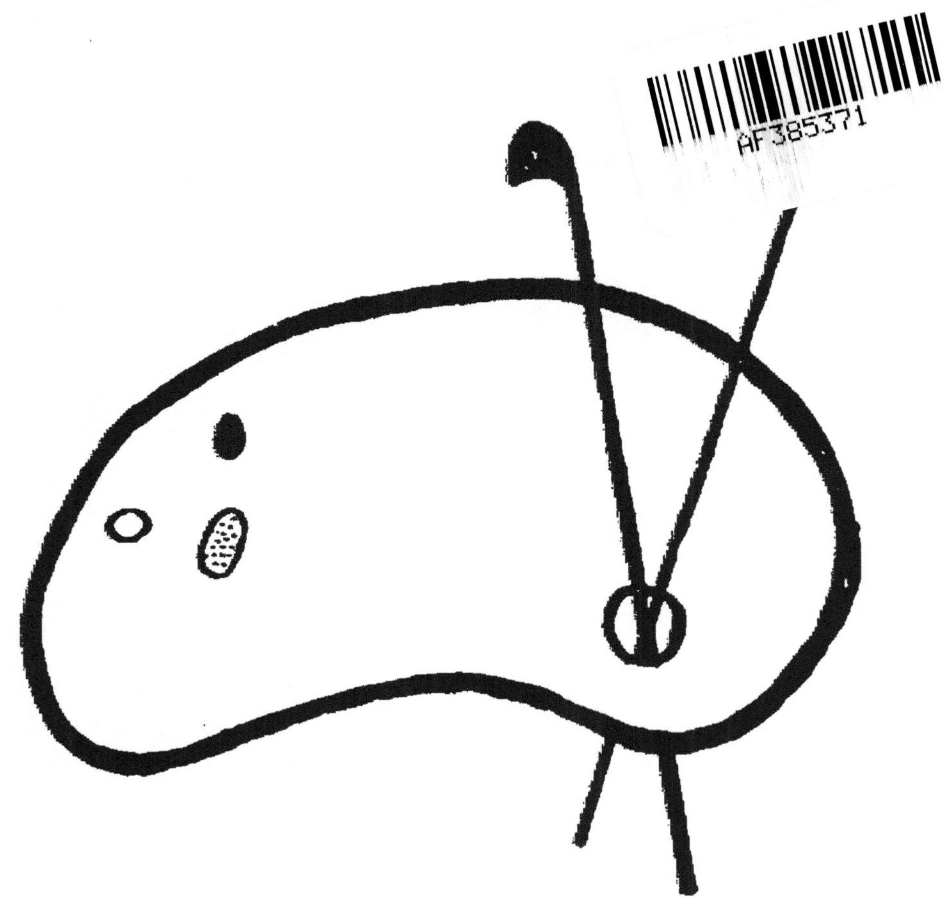

COUVERTURE SUPÉRIEURE ET INFÉRIEURE
EN COULEUR

SOUVENIRS

DES VILLES DE PICARDIE.

TIRÉ A 75 EXEMPLAIRES,

SOUVENIRS

DES

VILLES DE PICARDIE,

Par M. H. DUSEVEL,

MEMBRE DU COMITÉ DES TRAVAUX HISTORIQUES
ET DES SOCIÉTÉS SAVANTES.

———

BOULOGNE.

AMIENS,
TYPOGRAPHIE DE LENOEL-HEROUART,
RUE DES RABUISSONS, 10.
—
1860

BOULOGNE.

Les savants ont émis diverses opinions sur l'origine de Boulogne et sur le premier nom que cette ville a porté. Les uns ont prétendu qu'elle avait été bâtie par *Quintus Pedius*, neveu de César qui lui aurait donné le nom de Boulogne en Italie, dont il était le fondateur ; les autres ont soutenu qu'elle était l'ancien *Portus Itius* et se sont livrés, pour le démontrer, à des dissertations sans fin. Ce qui paraît prouvé, c'est que Boulogne remonte à une assez haute antiquité, et que cette ville existait du temps des Romains, sous le nom de *Gessoriac* (*Gessoriacum*) (1). On a prétendu aussi, que Gessoriac et Boulogne étaient dans le principe des lieux distincts que Drursus aurait réunis ensemble, pour n'en former qu'une seule ville, au moyen de ponts que ce chef aurait fait construire par ordre d'Auguste, neuf ans avant l'ère chrétienne, mais aucun auteur contemporain ne confirme cette tradition populair .

(1) Voy. *Pline, Suétone, Pomponius Mela*, etc.

Boulogne passa pendant longtemps pour le port le plus important des côtes voisines de la Grande-Bretagne, et c'est là que plusieurs empereurs romains se sont embarqués pour cette île fameuse. Vers l'an 40 de Jésus-Christ l'imbécile Caligula se rendit à Boulogne, après avoir annoncé qu'il allait passer en Angleterre, afin de réduire de nouveau à son obéissance les habitants qui avaient secoué le joug du peuple-roi. Ayant fait ranger ses troupes en bataille et disposer ses machines de guerre le long du rivage, quoiqu'il ne se présentât aucun ennemi à combattre, il donna tout-à-coup l'ordre aux soldats de remplir leurs casques et leurs vêtements de coquillages pour les porter au Sénat et les déposer dans le Capitole, comme le trophée de la victoire qu'il venait de remporter, selon lui, sur l'Océan (1). On ajoute que voulant perpétuer le souvenir de cette ridicule expédition, il fit construire un monument célèbre dans les annales de Boulogne, la tour d'*Odre* ou d'*Ordre* qui s'élevait majestueusement sur le sommet de la falaise du port (2). Cette tour en briques et de forme octogone, était formée de douze étages en retraite ; elle avait environ 42 mètres de hauteur et s'écroula le 29 juillet 1644. Le modèle que l'on en conserve au musée de Boulogne, fixa vivement notre attention, lorsque nous visitâmes cette ville (3).

Claude, successeur de Caligula, s'embarqua aussi à Boulogne en l'an 46, pour aller recevoir l'hommage des Bretons

---

(1) *Suétone*, C. Cos. Cal. C. XLVI.

(2) M. Paulin Paris, trompé par la ressemblance de nom, a pris le château d'Ardre pour la tour d'Ordre. Voy. *Gvarin li Lohérains*, t. Ier, p. 161 à la note.

(3) On trouve des représentations gravées de la tour d'Ordre, dans l'*Essai topographique et historique publié par Henry sur l'arrondissement de Boulogne*, et dans la grande *Topographie de la France* à la Bibliothèque Impériale, volume du *département du Pas-de-Calais*.

que Vespasien, son lieutenant, avait domptés. Le Sénat lui vota entr'autres honneurs, l'érection d'un arc-de-triomphe. On en retrouva les vestiges au commencement du XVIIIe siècle près de la *Porte des Dunes.*

L'empereur Adrien résida à Boulogne, l'an 117 de Jésus-Christ.

Sous Dioclétien, en 228, Carausius qui avait été chargé d'équiper une flotte dans cette ville leva l'étendard de la révolte, se saisit de la flotte, s'empara de la Grande-Bretagne et se fit proclamer empereur. Constance marcha contre lui, assiégea Boulogne et finit par s'en rendre maître.

Plus tard, vers 307, Constantin forcé de s'enfuir en toute hâte de la cour de Dioclétien, qui voulait le perdre, se retira dans cette ville auprès de son père, pour échapper aux complots formés contre sa vie (1).

A l'époque où des hordes barbares portaient partout, dans nos contrées, la désolation et la mort, Boulogne devint le quartier-général d'un corps de Nerviens chargés de défendre le port, contre leurs fréquentes incursions.

Ce port, selon dom Grenier, était alors bien plus considérable qu'il ne l'est maintenant. Le lieu du mouillage actuel des vaisseaux n'en formait que l'entrée : la rade de l'ancien port s'étendait plus avant dans la vallée où coule la rivière de Liane. C'était dans cette rade spacieuse, et depuis comblée par les sables, que les vaisseaux se trouvaient à l'abri des vents par la hauteur des montagnes et des dunes qui couvrent la péninsule d'*Outreau.* Ce port, ajoute le savant bénédictin,

---

(1) Properans ad patrem Constantium venit *Bononiam* quam Galli prius *Gessoriacum* vocabant.

avait près d'une lieue d'étendue ; il s'avançait jusqu'à *Isque,* village entre la Liane et le chemin de Boulogne à Samer : c'était là que s'arrêtait la grande marée (1).

L'importance du port de Boulogne n'empêcha pas les Normands d'y faire, au IX° siècle une descente qui fut fatale à cette ville. Vainement Charlemagne vint-il visiter, en 811, la flotte qu'il avait ordonné d'y rassembler, pour repousser les barbares, et fit-il réparer, avec soin le phare de la *Tour d'Ordre* afin de guider les navigateurs dans leur route (2), ces hardis pirates s'étant rendus maîtres de Boulogne un peu plus tard, pillèrent cette ville, incendièrent ses églises, ruinèrent son château et renversèrent jusqu'aux murs de son ancienne enceinte.

Dans le siècle suivant, en 936, Louis d'Outremer, fils de Charles-le-Simple, rappelé en France par les grands vassaux, quitta l'Angleterre et vint débarquer à Boulogne. Il fut reçu avec joie dans cette ville où il trouva Hugues *le Grand,* Herbert, comte de Vermandois, et plusieurs autres seigneurs qui le conduisirent à Laon (3).

En 1213, Philippe-Auguste équipa dans le port de Boulogne une flotte nombreuse qui fut dispersée et brûlée quelque temps après, par les Flamands.

Pendant les guerres cruelles qui désolèrent la France, sous le règne de Philippe-de-Valois, les Anglais firent une descente

---

(1) *Introduction à l'histoire de Picardie,* par dom Grenier.

(2) **Farum ibi navigantium cursus dirigendos antiquitùs constitutum restauravit.** (Eginhard, *Œuvres complètes,* publiées par la *Société de l'histoire de France,* in-8°. Paris, 1840, t. 1er, p. 295).

(3) *Richer, Histoire de son temps,* traduction de J. Guadet, in-8°, Paris, 1845, t. 1er, p. 127.

à Boulogne, en 1339, s'emparèrent de la basse ville et incendièrent tous les navires que contenait le port.

Louis XI et ses successeurs mirent leurs soins à fortifier Boulogne, afin d'éviter un pareil désastre. La place était si forte, en 1513, que l'empereur Maximilien, alors en guerre avec la France, crut prudent d'écrire à la princesse Marguerite, sa fille, gouvernante des Pays-Bas, afin qu'elle détournât Henri VIII, son allié, de passer par ce pays. « Pour ce que » sçavons, disait l'Empereur, que la ville Nostre-Dame de » Bouloigne est bien fort tant de bonnes et grosses doulves » qui sont tout à l'entour de cette ville, comme de gens ; que » c'est le quartier où l'on fait les meilleurs gens-d'armes de » France, et s'empescheraient longtemps à la batre d'artille- » rye, sans povoir guère faire, ains perdroit temps et grant » despence (1). » Henri suivit ce conseil et ne se présenta point devant Boulogne. L'année suivante, 1514, la sœur de ce monarque, la jeune et galante Marie fut reçue dans la ville avec enthousiasme. Une grande partie de la jeunesse la conduisit jusqu'à Abbeville où elle épousa le bon mais vieux roi Louis XII (2).

Un peu plus tard, en 1533, François I⁺ʳ et Henri VIII vinrent à Boulogne dans l'intention de terminer les différends qui s'étaient élevés entr'eux. Malheureusement cette ville n'en

---

(1) *Correspondance de l'empereur Maximilien Iᵉʳ et de Marguerite d'Autriche, sa fille*, in-8°, Paris, 1839, t. II, p. 153.

(2) *Mémoires de Martin du Bellay*, édition Michaud et Poujoulat, in-8°, Paris, 1838, livre Iᵉʳ, p. 121. — Nous devons faire remarquer, en passant, que Fleuranges place à Calais et non à Boulogne la descente en France de Marie d'Angleterre. *Histoire des choses mémorables advenues du reigne de Louis XII, etc.*, même édition Michaud et Poujoulat, chap. XLI.

fut pas moins assiégée par les Anglais en 1544. Le siége dura deux mois et le commandant Jacques de Coucy, seigneur de Vervins, forcé de se rendre, paya de sa tête, le crime, bien pardonnable, de n'avoir pas su résister plus longtemps avec une garnison réduite à un nombre d'hommes inférieur à celui qui était nécessaire à la défense de la place (1). Les habitants de Boulogne furent alors chassés de leurs demeures et obligés de se retirer à Étaples et à Montreuil, où ils arrivèrent exténués de fatigue, après avoir été pillés sur la route, par les maraudeurs ennemis (2). Les Français ne négligèrent rien pour recouvrer Boulogne : « Pendant tout l'hiver de 1545, dit l'ambassadeur vénitien Marino Calvo, on ne fit que ramasser de l'argent afin de reprendre cette ville, parce qu'on était rassuré du côté de l'empereur. Les espérances étaient si grandes que l'on voulait même faire une descente en Angleterre et pousser les Écossais à y pénétrer aussi. Dix mille hommes furent employés au siége de Boulogne. L'amiral français ayant débarqué près de ce port, une partie de sa troupe et trois mille sapeurs commencèrent un fo.. qui, en moins de deux mois, était mis en état de défense. Ce fut une chose rare

---

(1) Au bas de la copie du traité conclu entre cet infortuné capitaine et le duc de Suffolck, copie écrite sur papier usé de vieillesse, dit Abot de Bazinghen, on lisait les quatre vers suivants :

> *L'an mil cinq cent quarante-quatre*
> *Un Vervins lassé de combattre,*
> *Par un jour de sainte croix*
> *Rendit Boulogne aux Anglois.*

Voy. *Recherches historiques concernant la ville de Boulogne-sur-Mer.*

(2) *Mémorial historique et archéologique du département du Pas-de-Calais,* par M. Harbaville, in-8°, Arras, 1842, t. II, p. 13.

et inouïe, continua le même ambassadeur, qu'un fort bâti en rase campagne, sous le canon d'une ville aussi bien fortifiée que Boulogne. La construction de ce fort offrit beaucoup de difficultés ; mais elle ne procura pas les avantages qu'on en espérait pour le siége. L'armée se débanda, après avoir été réunie vingt-deux jours, depuis le 18 juillet jusqu'au 9 août (1). » **La place ne fut rendue à la France qu'en vertu du traité de paix signé à *Capécure*, hameau situé entre Boulogne et le fort d'Outreau, le 24 mars 1550.**

Une procession solennelle qu'on a eu le tort d'interrompre depuis la révolution de 1830, rappelait chaque année aux Boulonnais la joie qu'avaient éprouvé leurs ancêtres de se voir délivrés du joug anglais.

En 1588 le port de Boulogne fut menacé par la flotte d'Espagne surnommée l'*Invincible Armada*. Les vaisseaux de cette flotte étaient, au rapport des historiens du temps, d'une grandeur vraiment effroyable. On eut dit des citadelles flottantes ; ils portaient 20,000 combattants, 8,000 nautoniers, 3,000 forçats, 1,600 pièces de canon de bronze et 1,100 de fer (2). Attaquée par les Anglais, cette fois alliés à la France (parce qu'il s'agissait de leur propre sûreté et de détruire), la flotte espagnole se battit pendant deux jours et fut dispersée par une violente tempête qui fit périr la plupart de ses vaisseaux.

Les guerres de religion causèrent bien des troubles et des embarras à Boulogne ; mais les ligueurs trouvèrent dans le

----

(1) *Relations des ambassadeurs vénitiens sur les affaires de France au XVIe siècle, recueillies et traduites par M N. Thommaseo*, in-4°, Paris, impr. royale, 1838, t. I, p. 337 et 338.

(2) *Essai topographique et statistique sur l'arrondissement de Boulogne-sur-Mer, par J. Henry*, p. 98.

gouverneur Dubernet un homme ferme et courageux qui sut déjouer toutes les tentatives qu'ils firent pour s'emparer de cette ville, jusqu'à sa mort arrivée en 1591.

Henri IV étant venu à Boulogne, en 1601, témoigna beaucoup d'affection au peuple de cette ville et le remercia de la conduite pleine de modération qu'il avait constamment tenue, pendant ces temps malheureux. A la mort du bon roi, les boulonnais envoyèrent leur bannière pour les représenter à ses funérailles et témoigner des vifs regrets que leur causait sa perte, par un lâche assassinat.

Henriette de France s'embarqua à Boulogne en 1625 pour aller occuper le trône d'Angleterre. On fit sur cet embarquement les vers suivants :

> Fille et sœur de monarque, angélique beauté,
> Va sur les eaux du nort jouyr de la victoire,
> Les flots sont les degrez du throsne de gloire
> Où tu dois posséder l'heur de ta royauté.
>
> Neptune en te voyant perdra la liberté,
> Et porté sur la mer dans un grand char d'yvoire
> Fera taire les vents pour te dire l'histoire
> Des charmes de tes yeux qui l'auront surmonté.
>
> Mais à la fin outré jusqu'au profond de l'âme,
> Il voudra pour venger le mespris de sa flamme
> Des plus fiers aquilons animer le courroux.
> N'appréhende pourtant, quoy qui te soit contraire,
> Si la terre t'assault, Mars n'est-il pas ton frère
> Et le Dieu de la mer craint-il pas ton époux ?

HENRIETTE-MARIE DE BOURBON
DE BONTÉ BONHEUR TE MARIE (1).

---

(1) *Mercure de France*, tome XIe, page 395.

En 1746, on réunit à Boulogne un corps de troupes et une nombreuse escadre afin de seconder les tentatives faites par les Stuarts pour recouvrer le trône d'Angleterre qu'ils avaient perdu. Ces tentatives échouèrent comme l'expédition projetée de nos jours par Napoléon, à l'effet d'opérer une descente dans cette île et d'en faire la conquête au nom du peuple français.

Boulogne eut des comtes particuliers dès la seconde race de nos rois. Les plus célèbres furent Léger qui périt en repoussant les barbares et qu'on enterra sous une tombe de gazon, auprès du Crotoy ; Eustache II qui fut père du fameux Godefroy de Bouillon, proclamé roi de Jérusalem, par les princes qui avaient pris la Croix ; Eustache IV qui épousa Constance de France, fille du roi Louis-le-Gros et fut couronné roi d'Angleterre en 1150 ; Renaud de Dammartin qui prit les armes contre Philippe-Auguste, fut fait prisonnier à la bataille de Bouvines, et mourut dans la tour du château de Péronne, où il avait été emprisonné, vers l'an **1224** ; Robert-le-Grand qui épousa en **1303** Blanche de Bourbon, fille aînée du comte de Clermont ; Jean de France, duc de Berri, troisième fils de l'infortuné roi Jean, etc.

Un manuscrit de la bibliothèque d'Arras fait un pompeux éloge de Mathilde, fille et héritière de Renaud, comte de Boulogne. A en croire le trouvère auteur de cette espèce de panégyrique, Mathilde était la perfection même. L'histoire cependant, parle de cette comtesse d'une façon bien différente ; elle l'accuse, entr'autres mauvaises actions, d'avoir coopéré par son imprudence à la mort de Florent IV, comte de Hollande, tué dans un tournoi à Corbie, en 1234. Restée veuve de Philippe, dit *hurpel*, roi de France, elle céda la garde du Boulonnais au successeur de ce monarque, sans s'inquiéter si cette cession pouvait nuire à ses vassaux. Remariée à Alphonse,

frère de Sanche II, roi du Portugal, ce prince qui avait pro-
bablement à se plaindre de son caractère ou de ses mœurs,
ne voulut pas la voir lorsqu'elle débarqua sur les côtes de
Galice, pour aller le trouver. Forcée alors de rebrousser chemin, elle revint à Boulogne et y mourut vers 1258. On l'enterra dans la grande église où tous les ans on célébrait son
anniversaire le 14 janvier. Durant sa vie, on faisait aux
pauvres une distribution de pain et de harengs saurs qu'on
appelait la *partie Mahaut* (1). Cette aumône semble indiquer
que Mathilde était au moins charitable, si elle manquait
d'autres vertus.

Le comté de Boulogne avait une étendue assez considérable.
Après être resté sous la domination des comtes de Flandre, il
passa dans la maison de Ponthieu qui comptait déjà, à la fin
du X⁰ siècle, des hommes illustres attachés à la couronne sous
divers titres. De la maison de Ponthieu il vint dans celle de
Champagne, en la personne d'Etienne de Blois, et ensuite,
dans les familles d'Alsace et de Dammartin. Il échut après,
aux comtes d'Auvergne d'où était sorti Bertrand de la Tour,
avec qui Louis XI fit échange de ce comté de Boulogne, qu'il
réunit bientôt à la couronne.

Les comtes se qualifiaient *comtes de Boulogne par la grâce
de Dieu*. Leur cour était composée de plusieurs officiers tels
qu'un *sénéchal*, un *vidame*, un *grand-reneur*, un *houspilleur*,
un *oiseleur*, un *connétable*, un *gonfalonnier*, un *maréchal* et un
bouteillier. Ces comtes avaient le droit de faire la guerre à
leurs voisins, de passer avec eux des traités de paix ou d'al-

---

(1) Voy. *l'art de vérifier les dates, et le compte rendu des séances de la
Co.mission royale de Belgique*, in-8°, Bruxelles, 1851, 2⁰ série, tome I⁰ʳ,
pag. 203.

liance ; ils pouvaient fortifier leurs villes, élever des châteaux, comme bon leur semblait ; ils n'étaient même tenus à aucune prestation envers le roi, mais ils devaient lui faire hommage, comme les autres grands feudataires.

On ne connaît point l'époque précise de l'érection de Boulogne en commune. On voit seulement par la Charte qu'octroyèrent Renaud, comte de Boulogne et la comtesse Ide, sa femme, en 1203, que l'institution de cette commune était antérieure au XIII* siècle. Ce que la charte offre de plus remarquable c'est la disposition, si favorable au commerce, par laquelle tous ceux qui apportaient à Boulogne des marchandises par terre ou par mer, soit pendant la paix, soit pendant la guerre, et de quelque pays qu'ils fussent, étaient sous la *sauve-garde* du comte et de la ville, en payant les droits accoutumés. En 1278, Robert II, comte de Boulogne augmenta les priviléges des bourgeois, par une charte nouvelle qui confère aux maïeur et échevins, le droit de juger *tous meurtres, arsins, rapts, larcins, homicides et batailles* dans la ville et sa banlieue, excepté dans le château de Boulogne, appelé alors le *Manoir des comtes.* Cette charte règle les devoirs réciproques du corps municipal et du comte. D'après ses termes le maïeur et les échevins sont tenus, lorsqu'un nouveau *Sire* du comté de Boulogne arrivera, de lui prêter serment dans la ville en *lieu honneste.* De son côté, le comte devra jurer devant eux de tenir, garder et exécuter leurs jugements, ordonnances, chartes, lois, usages et franchises.

L'esprit de sédition et de révolte manifesté contre les officiers royaux, par quelques Boulonnais, déterminèrent saint Louis à supprimer vers 1263, les divers priviléges que les comtes avaient si généreusement accordés. — Les droits de commune furent rendus aux habitants peu de temps après.

C'est alors qu'on reconstruisit le Beffroi communal. L'ancienne cloche avait été fondue en **1345**, par Jean Lisos père et fils. L'inscription gravée sur cette cloche a donné lieu à une savante discussion entre M. Vincent, membre de l'Institut, et notre collègue M. François Morand, membre non résidant du Comité impérial des travaux historiques. Cette inscription qui formait trois cercles, autour, devrait se lire ainsi, d'après M. Vincent :

> *Estourmie ai a non.*
> *Jehans me fist Lisos li peres*
> *Et li fieus qui a mi faire*
> *Misent livres de depoise* XI : M. *(mille)*
> *Leurens Tailleauwe de le ville*
> *Chel an maieur seconde fois*
> M : CCC : II : XLIII.
> *Chieus eut grant soing pour mi refaire*
> *Diex wart le ville de contraire*
> *Et si gouverner son affaire*
> *K'a lui et ses seigneurs puist plaire*
> ✝ *Jachob Lisos ches letres fist*
> *Fieus fu au maistre qui me fist.*

M. Morand, de son côté, dispose de la manière suivante le commencement de l'inscription :

> ESTOURMIE !
> *Ai a nom* JEHANS ; *me fist Lisos*
> *Li peres et li fieus qui a mi faire misent*
> *Livres de depoise* XI M.

Comme nous l'avons fait remarquer ailleurs, de cette différence de lecture, il résulte que la cloche dont nous parlons se serait appelée, selon M. Vincent *Estourmie* : c'est-à-dire *l'Ercil* ou *l'Ereillée* ; et que d'après M. Morand son nom aurait été *Jehans*, et le mot *Estourmie* ne serait ici qu'un appel à *l'arme* ou aux *armes* (1).

Nous étions loin au reste de penser en 1841, lorsque nous avons publié l'inscription de la nouvelle cloche du Beffroi de Boulogne, dans nos *archives de Picardie* (2), que dix-huit ans après, le nom de l'ancienne cloche deviendrait l'objet d'une lutte entre deux de nos érudits compatriotes.

Cette belle cloche qui avait plus de quatre cent cinquante ans d'existence, en 1810, se fendit alors en annonçant aux habitants de Boulogne, l'entrée de Napoléon dans cette ville.

Les armes de Boulogne sont de gueules, au cygne d'argent, surmonté de trois fleurs de lys d'or.

Les coutumes de la sénéchaussée de Boulogne qui contenaient quelques articles curieux pour l'étude de l'administration de la justice en France pendant le moyen-âge, avaient été rédigées par écrit, en conséquence des lettres du roi Charles VIII du 16 janvier 1494, adressées à François de Créqui, seigneur de Dourier et sénéchal du Boulonnais ; mais ce ne fut que sous Henri II et dans une assemblée des états du comté que la révision de ces coutumes eut lieu, en l'année 1552.

Autrefois, le Boulonnais se gardait lui-même au moyen de troupes levées parmi les habitants du pays. Connues dans les derniers temps sous le nom de *troupes boulonnaises*, elles étaient alors composées de six régiments d'infanterie, cinq

---

(1) Voir *Annales boulonnaises*, in-8°, 1851. — Id. la *Picardie*, 5° année, p. 332.

(2) In-8°, Amiens, 1841, t. 1er p. 173.

régiments de cavalerie, deux compagnies de dragons et une compagnie de carabiniers. Le corps d'officiers était choisi, en grande partie, entre les gentilshommes de la province. En cas d'alarme, chaque fois qu'il était besoin de faire assembler les différents régiments des troupes boulonnaises, on envoyait dans les villages pour y transmettre l'ordre, et les détachements, après s'être formés, arrivaient immédiatement au lieu du rendez-vous (1).

La religion chrétienne remplaça le culte des faux dieux à Boulogne, au commencement du IVe siècle. L'ancienne cathédrale de cette ville, reconstruite en 1124, passait pour avoir été fondée dès le VIIe siècle par le roi Clotaire II. Il ne reste des constructions primitives qu'une crypte ou chapelle souterraine qu'on croit remonter au IXe siècle. Cette crypte est supportée par de courtes colonnes de style roman et décorée de peintures en grisaille qui ne datent pas de cette époque. M. l'abbé Haffreingue est parvenu, avec ses seules ressources, à élever au-dessus de cette crypte une belle et vaste église moderne, dans le style grec, qui fait honneur à son zèle et à sa persévérance. Notre-Dame-de-Boulogne rappelait bien des souvenirs : c'était dans ce temple qu'au mois de janvier 1309 avaient été célébrées les noces d'Edouard III, roi d'Angleterre, avec Isabelle de France, fille de Philippe-le-Bel, en présence de quatre rois, trois reines et quatorze fils de rois ou princes du sang royal. De hauts personnages y avaient été inhumés. Le maréchal Desquerdes y reçut la sépulture à la fin du XVe siècle, comme il l'avait expressément recommandé, à cause de la sainteté du lieu, peu de temps avant sa mort arrivée à Lyon.

---

(1) *Archives de l'Icardie*, t. Ier, p. 82 et 83.

La célébrité de l'église Notre-Dame-de-Boulogne était due surtout à une image de la sainte Vierge que l'on y conservait avec une grande dévotion. Cette précieuse image, selon la légende, était venue aborder au port de Boulogne, sous le règne de Dagobert, sur un navire sans voiles et sans matelots, tout resplendissant de lumière (1). Le pélérinage à *Notre-Dame-de-Boulogne* était fort en vogue au moyen-âge. Un grand nombre de rois, de princes et de chevaliers l'entreprenaient avant de partir pour des climats lointains, ou à leur retour de quelque expédition périlleuse. Parmi les dépenses faites par le duc de Bourgogne en l'année 1450. On voit figurer une somme de 24 sols « *accordez à plusieurs bateliers qui avoient passé mondit seigneur, madame la duchesse et leur compagnie à certain lez la ville de Montreuil, en allant en pélérinage de Hesdin à Notre Dame-de-Boulogne* (2). » Divers arrêts du Parlement de Paris imposèrent même à quelques coupables l'obligation d'accomplir ce pélérinage en expiation de leurs crimes, et d'en rapporter une attestation écrite. En 1296, le sire de Harcourt fut condamné à se rendre ainsi en pélérinage à Notre-Dame-de-Boulogne, *pour amender le méfait* dont il s'était rendu coupable, envers le chambellan de Tancarville (3). Nous voyons aussi, le maire et les eschevins d'Amiens, prescrire en 1487, à Marie Delattre, femme du nommé Durancourt, pareur de drap de cette ville, de faire également un pélérinage à Notre-Dame-de-Boulogne et d'y présenter un cierge d'une livre *pour y être ars* (brûlé), afin

---

(1) *Histoire de Notre-Dame-de-Boulogne-sur-Mer, etc.*, par Leroi, in-8°, 1681.

(2) *Archives du Nord.*

(3) *Olim du Parlement de Paris*, publiés par le comte Beugnot, in-4°, Paris, 1842, t. II°, pag. 404 et 405.

d'obtenir la remise de la peine d'emprisonnement prononcée contre elle pour avoir *prins furtivement fille noir et blanc en la maison de Nicaise Judas* (1).

C'est à l'image révérée, dont nous venons de parler, que l'habile et astucieux Louis XI fit hommage du comté de Boulogne en 1478, pour s'affranchir des devoirs auxquels il aurait pu être assujetti envers les ducs de Bourgogne à cause de ce comté. « Le roi de France, comme nous l'avons dit dans la *Bibliothèque historique et monumentale de la Picardie et de l'Artois* (2), » se rendit à cet effet dans l'église Notre-Dame, accompagné de toute la cour. Arrivé derrière le chœur des chanoines, Louis se mit à genoux dans la chapelle de la sainte Vierge, devant sa précieuse image, placée au haut de l'autel. Là, sans ceinture, sans éperons et tête nue, il fit hommage à la reine du ciel, entre les mains de l'abbé, d'un cœur d'or du poids de treize marcs, tandis qu'un de ses secrétaires lisait à haute voix l'ordonnance datée de Hesdin, par laquelle le monarque « *cédait et transportait à la Vierge l'hommage du comté* » *de Boulogne*, voulant que ses successeurs, rois de France » et comtes d'icelle comté, fussent tenus dorénavant de » rendre ledit hommage devant l'image de ladicte dame ; et, » en le faisant, d'offrir et présenter leur cœur en figure de » métail d'or fin, de la pesanteur de treize marcs (3). »

L'hommage de Louis XI fut renouvelé par plusieurs de nos

---

(1) *Eschevinages d'Amiens*, 1497 à 1500.

(2) In-8°, 1844, pag. 86, planches.

(3) Les lettres en forme de charte par lesquelles Louis XI attribua la mouvance du comté à Notre-Dame-de-Boulogne sont datées du 18 août 1478. Elles se trouvent transcrites à la suite de l'*Abrégé de l'Histoire de Boulogne* par Leroy de Lozembrune. Voy. le *Coutumier de Picardie*, in-fol. t. II°, p. 17.

rois, tels que Charles VIII, Louis XII, François Ier, Henri II et Louis XV.

Les Anglais, s'étant emparés de Boulogne en 1544, dévastèrent la chapelle de la sainte Vierge et transportèrent son image en Angleterre. Henri II la fit revenir six ans après. Malheureusement, la nouvelle chapelle élevée par les soins de ce monarque, fut pillée et saccagée pendant un soulèvement d'huguenots. Dans leur aveugle fureur, ces stupides iconoclastes précipitèrent au fond du puits du château d'Honvault la statue de Marie *qui était faite*, dit un ancien écrivain, *de bois en relief*, d'une *excellente sculpture; elle avait environ trois pieds et demi de haut, et tenait Jésus enfant sur le bras gauche;* elle resta cachée dans ce puits jusqu'en 1607.

Quelque temps après, en 1653, la chapelle de la Vierge de Boulogne recouvra son premier lustre, tout son éclat, grâce aux libéralités des rois Louis XIII et Louis XIV, qui se firent représenter derrière l'autel, offrant eux-mêmes leurs cœurs à la reine des anges dont ils étaient venus visiter le sanctuaire.

En 1467, Charles-le-Téméraire, momentanément possesseur du comté de Boulogne, s'était rendu également à la chapelle de la Vierge miraculeuse et avait fait de magnifiques présents à sa trésorerie. Entre ces présents, on remarquait la figure en or massif du duc de Bourgogne à cheval. Une pompeuse cérémonie eut lieu à cette occasion : parmi les personnes qui entouraient Charles, on distinguait le chroniqueur Olivier Delamarche et le célèbre Jacques de Lalain, chevalier de la Toison-d'or (1). Memling, qui accompagnait aussi le duc,

---

(1) *Histoire de Notre-Dame-de-Boulogne*, édition de 1839, par M. Hédouin.

fut chargé de faire un tableau représentant le moment où ce dernier accomplissait l'*Acte de foi et hommage à Notre-Dame-de-Boulogne*. Ce tableau, de moyenne proportion, était appendu dans une des chapelles latérales de la Cathédrale. A l'époque la plus désastreuse de la Révolution, lorsque André Dumont fit détruire, dans une espèce d'auto-da-fé, les statues et les tableaux qui ornaient cette église, c'est à peine si l'on parvint à soustraire aux flammes l'œuvre remarquable de Memling et une belle *sainte Thérèse* attribuée à Murillo. L'image révérée de la Vierge de Boulogne ne fut pas elle-même respectée ; on la jeta aussi au feu, croyant plaire à une faction sacrilège, ennemie de la religion, des monuments et de nos plus précieux souvenirs (1).

Boulogne fut pendant quelque temps le siége d'un évéché qui a produit plusieurs prélats distingués. Jean Dolce, l'un d'eux, ayant été transféré à l'évéché de Bayonne, maria à Saint-Jean-de-Luz, en 1660, Louis XIV et Marie-Thérèse d'Autriche. Pierre Delangle, qui fut nommé à l'évéché de Boulogne en 1698, fit prendre une face nouvelle à son diocèse, par la fermeté qu'il montra constamment pour l'observation des statuts qu'il avait dressés, par sa charité envers les pauvres, et par l'exemple de toutes les vertus chrétiennes qu'il ne cessa de donner jusqu'à sa mort. En 1709, il vendit sa vaisselle d'argent et en offrit le prix à l'hôpital et au séminaire de Boulogne. Plus tard, il laissa sa bibliothèque au collége de l'Oratoire, et assura une rente annuelle à une communauté de religieux mendiants qui n'avait pas craint de se

----

(1) *Hommage du comté de Boulogne fait par Louis XI à la Vierge*, article publié par nous dans la *Bibliothèque historique et monumentale de la Picardie et de l'Artois*, p. 85 et suiv.

soulever contre lui (1). La nomination des évêques de Boulogne était réservée au roi de France.

Le chapitre de la Cathédrale se composait d'un doyen, un grand chantre, un trésorier et seize chanoines, au choix de l'évêque. La réception d'un chanoine, dans cette église, donnait lieu autrefois à une cérémonie assez étrange : « Après l'aspersion et le baiser de paix, le récipiendaire ouvrait le livre des psaumes, et l'on écrivait les paroles qui se présentaient, pour conserver la mémoire de la réception. Il arrivait quelquefois, dit l'auteur auquel nous empruntons ce passage, que le verset contenait des imprécations, des reproches ou des traits odieux, qui devenaient pour le nouveau chanoine une espèce de note ridicule et même d'infamie. Le dernier évêque de Boulogne voulut abroger par une ordonnance cette bizarre coutume, qui présentait une espèce de superstition, un reste de l'art de la divination par l'inspection de l'Ecriture sainte ; mais le chapitre s'opposa à cette sage mesure. Le même usage se suivit toujours, et tout ce que l'évêque put obtenir de la déférence des chanoines, c'est qu'on marquât que c'était seulement pour se conformer à l'ancienne coutume que l'on agissait encore ainsi (2). »

Les édifices religieux de Boulogne, autres que le nouveau temple élevé par les soins si louables de M. Haffreingue, sont peu importants : *L'église Saint-Nicolas* est un monument dont les voûtes du chœur, de style gothique dégénéré, n'ont aucun rapport avec la nef qui semble appartenir au temps de Louis XV.

---

(1) *Bienfaisance française ou Mémoires pour servir à l'histoire de ce siècle*, in-12°, Paris 1778, t. Ier, p. 214.

(2) *Dictionnaire historique des mœurs, usages et coutumes des Français* (par Lachesnaye-Desbois), in-12, Paris, 1767, t. Ier, p. 707.

L'*église* (ou plutôt chapelle) *des Annonciades*, contient quelques tableaux curieux, entr'autres une *Cène* et le *baptême de Cloris* qu'on voit près des fonts.

L'*église Saint-Pierre*, d'une architecture assez grossière à l'extérieur, a ses voûtes soutenues par des piliers décorés de chapiteaux à larges feuilles. Cette architecture est en désaccord avec les rétables qui ornent le maître-autel et celui de la sainte Vierge, placé à gauche. Ces rétables en bois qui affectent la forme pyramidale dans la partie supérieure, ont des dais pour abriter les saints, d'une trop grande hauteur.

En descendant la côte ou la montagne par laquelle on gagne cette église Saint-Pierre, on jouit d'un charmant coup-d'œil, d'un délicieux panorama. On distingue, au loin les clochers des églises de Boulogne, et ses maisons aux toits rouges et bleus qui semblent étagées les unes sur les autres par suite de la disposition du sol qu'elles occupent.

L'*Esplanade* est décoré d'un monument érigé en l'honneur de Henri II, pour conserver le souvenir de la reddition de Boulogne à ce monarque par les Anglais, l'an 1550. Nous avons vu au cabinet des estampes de la Bibliothèque impériale, à Paris, une lithographie dont l'inscription rappelle que ce monument fut élevé en 1822 par un Boulonnais, en vertu de l'autorisation de Son Excellence le Ministre de l'intérieur, en date du 17 juin de la même année, sur un dessin approuvé par le conseil des bâtiments civils de Paris et dû à M. Mazois, inspecteur général et membre de ce conseil.

Les *Remparts*, plantés d'arbres, offrent pendant l'été une promenade agréable et des points de vue assez intéressants. Les murs sont flanqués de tours demi-circulaires, du côté de la

Porte des dunes, et rappellent ce qu'étaient jadis les fortifications des principales villes de la France. Nous doutons, toutefois, que cette porte des dunes et l'ancien *château des comtes* soient d'un temps aussi éloigné qu'on le prétend. On sait que c'est en 1231 que Philippe Hurpel diminua l'enceinte de Boulogne et divisa cette cité en deux parties appelées encore aujourd'hui la *haute et la basse ville*. Une inscription placée au-dessus de la porte du château, qui était déjà mutilée en 1762, selon le P. Daire, rappelait ainsi cet événement :

> Phelipe : cuens : de :
> Bologne : ficus : le
> Rei Phelipe : de : France,
> Fist : faire : c'est chastel :
> Et fremee : la ville : l'an de
> l'Incarnation : M. CC XXXI :
> Simons de Villers : Adans
>
> Seneschars de : Bolonois (1),

Le P. Daire, ajoute : « Cette inscription a été défigurée
» dans l'article historique du *Ponthieu*, inséré dans l'*Alma-*
» *nach de Picardie* de 1762 ; elle est sur une pierre blanche
» de marquise et a deux pieds trois pouces de largeur et un
» pied neuf pouces de longueur (2).

Nous aurions quelques mots à dire du *Beffroi*, de l'*Hôtel-de-Ville* et du *Palais-de-Justice* de Boulogne, si les bornes de cet article nous le permettaient ; mais puisqu'il n'en est pas ainsi, nous devons nous contenter de jeter un coup-d'œil sur la *Bibliothèque* et le *Musée* de cette ville.

---

(1) *Almanach de Picardie*, in-21, Amiens, 1765, p. 203. — *Essai topographique et statistique sur l'arrondissement de Boulogne*, p. 111.

(2) *Almanach de Picardie* de 1765, p. 203.

La Bibliothèque renferme plus de 20,000 volumes, parmi lesquels on distingue divers manuscrits curieux. Un document qui s'y trouve également et qui rappelle les *Conseils politiques adressés à la princesse Marie, régente des Pays-Bas pour Charles-Quint, sur les Moyens d'accroître en peu de temps la population d'Hesdin-Fert*, a été l'objet d'une communication intéressante de la part de M. Vincent, membre de l'Institut, au Comité de la langue, de l'histoire et des arts de la France.

Le Musée de Boulogne est surtout remarquable par ses collections d'histoire naturelle, d'armes ou d'instruments de sauvages et de figures en plâtre moulées, d'après l'antique. Nous avons lu, avec plaisir, dans la salle qui contient les modèles, un règlement suivant lequel chacun des membres de la Commission de ce Musée, est chargé de la surveillance d'une des branches de la science correspondant, sans doute, à ses études ou à ses connaissances spéciales. C'est ainsi qu'on devrait toujours agir en province, pour éviter bien des bévues, et parvenir à l'accroissement rapide des richesses de nos Musées. Parmi les antiquités que renferme la première salle de celui de Boulogne, nous avons distingué un grand bas-relief en bois représentant le *Jugement dernier*, donné par M. Dutertre Delporte. Les principales scènes de ce terrible drame sont figurées avec de nombreux détails sur cette sculpture; la gueule béante d'un énorme cétacé rappelle l'entrée de l'enfer, comme au haut du portail de la Cathédrale d'Amiens.

Contre les murs, entre les fenêtres, on aperçoit plusieurs de ces anciennes gravures locales que les villes devraient bien s'attacher à recueillir, à rassembler, parce qu'elles fournissent des renseignements précieux pour la topographie et l'histoire. Celles qui représentent le *Siége de Boulogne* par Henri VIII, dues aussi à M. Dutertre Delporte et gravée par Otteley ; le *Champ du Drap d'or*, estampe qui porte au bas, comme la précédente, une légende anglaise et deux tableaux offrant le premier une *Vue du Port de Boulogne* en 1829 et l'autre la *Haute et Basse Ville*, dans le genre des peintures si recherchées de Vandermeulen, attirent les regards des visiteurs picards.

On considère aussi, avec curiosité, le *Plan de la Fête qui eut lieu à Boulogne le 28 termidor an XII*, lors de la distribution des aigles et des croix de la Légion-d'Honneur par Napoléon Ier, et un autre *Plan de la Ville de Boulogne et de ses environs*, levé et dressé sous la direction de deux ingénieurs civils de Londres. Ce beau plan est dédié à M. Alexandre Adam, maire, et aux membres du Conseil municipal de la ville.

Au reste, comme beaucoup d'autres Musées de la province, celui de Boulogne possède plusieurs objets totalement étrangers au pays et c'est là, il faut le reconnaître, un défaut contre lequel on ne saurait trop s'élever. Que signifie, par exemple, un *Plan de la Bastille*, dans le Musée de Boulogne ? C'est assez de rencontrer à l'entrée de la salle des tableaux, le buste du *Maréchal Soult* qui commanda, à la vérité, le camp de Boulogne, mais qui n'appartient pas à cette ville, par sa naissance. Et ce qui étonne davantage, c'est que l'on n'aperçoit rien qui rappelle un héros chrétien, la gloire de la contrée, le fameux Godefroy de Bouillon ! Cette étrange contradiction afflige les francs picards qui, comme nous, aiment à voir décorer les monuments publics, des images de nos grands hommes !

Une boîte ou un cercueil de momie fort riche en peintures,

attire les regards des amateurs d'antiquités égyptiennes dans ce même Musée. En contemplant et cette boîte et les restes de la momie, je me suis rappelé les vers d'un poète du midi de la France :

> Dans ton vieux coffre symbolique
> Chargé d'éperviers et d'ibis
> De taureaux au corps fantastique,
> D'aboyants museaux d'anubis ;
>
> Sous les plis de tes bandelettes
> Pauvre morte, à quoi penses-tu,
> Lorsque les foules indiscrètes
> Te contemplent d'un œil ému ?
>
> As-tu regret des pyramides
> Aux corridors silencieux ?
> Du vaste écho des salles vides
> Où tu dormais avec tes dieux ?

Comme ses pareilles, cette momie ne saurait guère répondre maintenant à ces questions ; aussi ne fixe-t-elle pas longtemps l'attention des visiteurs qui tiennent quelque peu à la vie.

Le commerce de Boulogne est fort important, et la pêche s'y fait avec profit. On ignore l'époque où celle du hareng, qui produit à elle seule plus d'un million, commença à être en vogue dans ce port ; mais on voit par un ancien titre, qu'en 1402 on s'y livrait avec ardeur à ce genre d'industrie. Chaque année on faisait présent *au roi, nostre sire, de deux barils de harengs et au chancelier, au procureur-général de la chambre des comptes et au trésorier de l'épargne d'un demi baril, pour leurs étrennes.* L'ouverture de la pêche du hareng donnait lieu autrefois à une solennité religieuse sur le bord de la mer ; Charles Villette en parle ainsi dans une de ses *Lettres sur les principaux évènements de la Révolution* (1).

« Il est d'un usage immémorial dans la ville de Boulogne que vers le temps de la pêche du hareng, le curé se rend en cérémonie sur le port. Il y bénit la mer, et surtout il a grand soin d'exorciser les requins, et de conjurer les chiens de mer, toute cette engeance vorace qui vient si souvent déchirer les filets et contrarier la pêche et les pêcheurs.

» L'année dernière, au jour indiqué, le curé constitutionnel se garda bien de manquer à la cérémonie. Il fit plus, au lieu de ne toucher l'eau que du bout des pieds comme son prédécesseur, il s'y campa jusqu'à la ceinture ; le rituel à la main, il exorcisa dix fois plus fort. Enfin, il versa dans les flots de la mer des flots d'eau de puits, qu'en présence des spectateurs il venait de bénir tout exprès.

» Jamais pêche ne fut plus abondante. Point de chiens de mer, point de requins ; et les matelots de crier tous d'une barque à l'autre : *Vive le nouveau curé !* »

On voit par ce que dit ici Villette, ce digne ami de l'incrédule Voltaire, qu'à Boulogne on avait su conserver jusqu'au dernier moment un ancien usage qui prouvait la touchante piété des pêcheurs de la ville.

Les deux jetées et le port de Boulogne méritent d'être vus. Les maisons qui s'élèvent en gradins à droite du port offrent un coup-d'œil pittoresque et plaisant. C'est dans les environs que Napoléon avait établi deux vastes camps appelés *Camp de droite* et *Camp de gauche*, et réuni une armée de plus de

------

(1) In-8°, Paris 1790.

160,000 hommes, pour faire une descente en Angleterre. Sa flotille consistait en 2413 bâtiments, montés par 16,783 hommes. Il ne reste que le souvenir de cette expédition projetée ; mais l'on voit encore, près de Saint-Martin-Boulogne, à quelque distance de la grande route de Boulogne à Calais, la fameuse colonne élevée en 1804 à l'empereur Napoléon, par les troupes de terre et de mer que commandaient le maréchal Soult et l'amiral Bruix. Du haut de cette colonne, qui est d'ordre dorique et construite en marbre tiré des carrières de Marquise, l'œil embrasse une immense étendue de pays. Elle a été terminée par ordre du roi Louis-Philippe et la statue qui la surmonte fut inaugurée le 15 août 1841.

Boulogne a quelques rues larges et spacieuses. Dans la *Grande-Rue* et la rue de l'Ecu, sont des hôtels et des magasins qui ne le cèdent en rien à ceux d'Amiens et des principales villes de France.

Parmi les hommes marquants qui ont reçu le jour à Boulogne nous citerons seulement ici le célèbre Godefroy de Bouillon qui naquit, dit-on, dans le château alors situé sur la place de l'Hôtel-de-Ville (1) ; Michel Lequien, savant écrivain ecclésiastique, mort à Paris dans le XVIIIe siècle ; l'ancien directeur général des archives de l'Empire, l'érudit Daunou qui fut secrétaire perpétuel de l'Académie des Inscriptions et Belles-Lettres ; M. Sainte-Beuve, l'habile écrivain dont les journaux les plus en vogue de la capitale se dis-

---

(1) La Belgique réclame ce héros, comme étant un de ses enfants ; mais jusqu'à preuve nouvelle, nous pensons de même que MM. Léon Paulet, d'Herbinghen, Harbaville et autres, que Godefroy de Bouillon doit rester à la ville de Boulogne.

putent les intéressants articles de critique littéraire ou de biographie anecdotique.

Nous pourrions en dire bien davantage sur Boulogne, ses monuments et ses célébrités ; mais c'est aux écrivains de cette ville qu'il appartient surtout d'entrer dans de plus amples détails, de faire mieux connaître ce que cette ancienne cité peut encore offrir d'intéressant pour l'archéologue et l'historien.

AMIENS. — IMP. DE LENOEL-HEROCART.